vogelgeklirr
gräsergefunkel
tautropfenmusik
scheinwerferlicht
aufgehender sonne
beerenfarbener morgen

beerenfarbener morgen
aufgehender sonne
scheinwerferlicht
tautropfenmusik
gräsergefunkel
vogelgeklirr

Verlag: tredition GmbH, Hamburg

ISBN

Paperback: 978-3-7345-9029-0

Hardcover: 978-3-7345-9030-6

e-Book: 978-3-7345-9031-3

Printed in Germany

Ursula Gressmann

Unterströmungen

Bewegungen unter dem Wasser

Genre: Lyrik

Ursula Gressmann, geb. 1945, lebt heute in
Hessen. Sie ist Mitglied bei der IGdA und bei
den Schriftstellerinnen und Künstlerinnen.
Sie schreibt Gedichte, Kurzgeschichten und
Geschichten für Kinder.

Neben Veröffentlichungen in Anthologien
und Literaturzeitschriften ist dies ihr vierter
Gedichtband.

Inhalt

In den Gedichten sind Unterströmungen spürbar,
die über das geschriebene Wort weit hinausgehen.

Oft gut verborgen, sind diese zu entdecken,
macht man sich die Mühe, sie aufzuspüren.
Äußeres und Inneres schieben sich übereinander.

Nichts ist von Dauer.

Warum schreiben

Warum schreibe ich Gedichte und Geschichten?
Ich schreibe, um den Schmerz zu besänftigen,
um gelassen zu bleiben im Tumult des Herzens.

Wände, ihnen entfliehe ich, die Berge hinauf,
am Meer entlang. Als Begleitung manchmal
Gespenster der Vergangenheit.

Mit Worten, die berühren, die Hoffnung bringen
oder ausdrücken, möchte ich meine Gedichte
schreiben. Tränenrinnsale an Fensterscheiben.

Kapitel 1: längst verloren

engel

ob die engel mich hören
wenn ich nach ihnen rufe

vielleicht genügt das rufen
es bedeutet dass ich nicht
die hoffnung verloren habe

dass jemand erscheint
mich zu retten

beherrschung

presse ich meine lippen fest zusammen

werde ich nicht weinen
gelingt es mir
den schmerz zu verbergen

die zähne fest zusammenbeißen
und lächeln das geht

du und ich

heute flackert
mein kleines licht im wind
nur für dich

niemals hielt ich dich im arm
niemals habe ich
dein köpfchen geküsst
niemals sanft gestreichelt
dein kleines gesicht

brennende tränen weine ich
um dich und mich
ich hoffe dass wir uns wiedersehen
du und ich

das kind

wo ist das kind
das fröhlich tanzende kind
mit den fliegenden zöpfen
dem leichten herzen

ich weiß das kind ist da
ergriff es doch einmal meine hand
des nachts in einem traum

in der ruine

gewölk in den augen
sitzen die krähen
schwarzglänzend
im gebälk der ruine
raunen sich geheimnisse zu

gegenwart
vergangenheit
zukunft
unbedeutend für sie

was bleibt
wenn ich gehe

nachts

mit dunkelaugen
blicke ich in die nacht
der mond hat sich einen schleier
leicht um die schultern gelegt
und silbern zieht der wagen
aus sieben sternen seine bahn

zaghaft mache ich mich auf
in die spiegelwelt
betrete die gewundenen pfade
meiner seele

nachtträume darin
die der tag zerschellen lässt

nachtgedanken

kaum angedeutete
mauern
einer zerstörten festung

eulen und fledermäuse
fliegen des nachts darüber hin

dort muss ich
ausharren

niemandsland

raben
namenlose
kinder der winde

stürme als begleiter
fliegen sie unsichtbar
in die dunkelheit

ruhen dann
ein letztes mal
die federn spreizend
zur nacht

schwarz

löwen mit goldenen mähnen
schlafen am horizont
hinter scherenschnittwäldern

dorthin wollen wir gehen
denn einsamkeit zerbricht uns das herz
in scharfe splitter
über denen der mond blutrot aufsteigt

nachtvogelschreie
zerfetzen die stille

schweigen

mit unsicheren strichen
kämmt sie vor dem spiegel
ihr schütteres weißes haar

schwarz die glasmurmelaugen

manchmal sieht sie aus
wie eine abgemagerte wilde katze

verloren

im häuserozean lasse ich mich treiben
durch straßen und gassen
singe dabei von liebe und sternen

vergeblich

niemand hört mir zu
dunkelheit fällt herab
schwarz überdeckt alles

unwetter

wolken ziehen graue schattenkreise
über den feldern
krähen falten sich schutzsuchend ins grün

schiffbrüchig geworden vom holunderduft
lausche ich dem grillenzirpen

vogelknochig

die große flut

deiche geborsten
räume geflutet

landunter

in dunkelzonen
ertasten flimmerhärchen
mitgerissenes
totgesagtes

im zeitstrom versickertes

irgendwann

gespenster hocken
auf den gardinenstangen
blinzeln mir zu und kichern
machen sich lustig über mein herz
das nicht aufhören will
zu brennen

wie ein stein soll es sein
der ins wasser fällt

ringe bildet
konzentrische kreise
die sich ausbreiten
schwächer werden
verschwinden

irgendwann

klage

viele stunden habe ich
allein hier gesessen
und gewartet doch niemand kam
mich zu umarmen

meine seele aufzutauen
die mich frieren lässt
mein herz ist lange schon verwaist

kein vater keine mutter
und auch kein kind
sind da mich zu beweinen
allein die straßen lauschen mir

die toten pflastersteine
und dort der schwarze straßenkater
misstönend klingt sein lied

märchen

die kutsche
das schloss
das schöne kleid
und auch der prinz

es war einmal
märchen sterben leise

momentaufnahme

den kopf unter den flügeln verborgen
schlafen krähen
gleichgültig gegenüber der welt

nur das gespenst meiner angst wacht
jetzt da die welt am dunkelsten ist
und wolkenverhangen der mond

ich weiß schon wie der himmel aussieht
die engel dort rascheln mit flügeln aus papier

zu ende

grau gefiedert
mit sanften augen
gurren die tauben

suchen verlorenes
picken vergessenes

auf braun gestreiften feldern

einsam

kein mondschein heute
kein stern am himmel
dunkelheit

diese nacht vergeht
wie alle nächte
ich bin von mir getrennt

habe mich aus der welt
herausgenommen
leiste der stille gesellschaft

das leben

windmusik über trockenen halmen
westwind der regen heranträgt
morgen vielleicht wolkenfelder
die das land verdunkeln
grenzen verblassen lassen

und immer wieder der wind
der sand vor sich hertreibt
alles darunter begräbt

einst

dem tageslicht ausgesetzt
verblassen erinnerungen
wie rosen aus seidenpapier

tanzende glücksdrachen
kämpfende feuergeister
alles entfärbt

müde

langsam verlöscht das licht
über dem wald letztes glühen

im schlaf bist du weit weg
umfangen von träumen
treiben wir gemeinsam
einsam durch die nacht

die den tag nicht retten kann

nacht

flieht der tag
zerbricht das licht
lässt hauchzart
schatten zurück

das flüstern schwarzer schwingen
wird lauter in der stille
bis der mond
eine silberne straße malt

und du aus der zeit fällst

vogelfrau

im garten blauschwarze beeren
süße an ästen und sträuchern

schnell schlägt mein vogelherz
zaghaft sein klang

in beeten flammendes rot
allein die zeit verrinnt ungenutzt

ruhelos

augen wie steine im dunkelmeer
vergessen hat mich der schlaf

von einer sehnsucht zur anderen
taumle ich ruhelos

raben gefährten der nacht
auch ihr träumt von ländern ohne namen

schneewolkengrau

verlassen schwankt das vogelnest
im alten apfelbaum
seine dürren äste knacken in der kälte

spinnen webten ihre netze hier
einsam wehen sie nun im wind

eine bettlerin bin ich geworden
schneewolkengrau im winter

zerronnen

spärlich rinnt das licht
der tag ist eingehüllt
in nebellaken

auf autopilot geschaltet
vom leben abgerückt
bin ich

mein vogelherz
wie schnell es schlägt

es war einmal

efeu umrankte grabsteine
auf dem friedhof
inschriften kaum zu entziffern

taubenfüße kratzen über verwittertes
marmorne engel neigen blicklos die köpfe

und die zeit nur noch
ein falbes pferd in der dämmerung

en passant

milane
schwarz unter wolkengittern
flügelschwirren
über ödland

zu weit entfernt
um schatten auf die erde
zu werfen

geräusche
die mir der wind zuweht
so en passant

abwärts

eine kleine weiße wolke
mitten im blau hoch über mir
dann wälzt sich plötzlich nebel heran
so schnell wie die wellen
die auf den strand zurollen

weit entfernt klingt das brausen der stadt
grau umschlingt straßen häuser menschen

ich bin eine pilgerin
die ihren weg verloren hat

stille

stille hängt
in den spinnweben

treibt durch das zimmer
sinkt herab zu den bodendielen

kriecht in mauselöcher
sickert in die wände

nichts bleibt

träume

im tosenden sturm
schwankt das schiff
da heißt es ballast abwerfen

über bord mit den träumen

wünsche

regenfäden laufen herab
rostschlieren
die an gekalkten wänden
versickern

wie manche wünsche

vergessen

wie ein leeres vogelnest
im dürren geäst
scheint heute der mond
in meinen armen zu liegen

schwarze schwingen
heben senken sich
geheimnisvoller tanz
der krähen zur nacht

und unablässig verrinnt die zeit
verschwindet im vergessen

vergangen

gebauschte sofakissen
goldrandtassen
sonntagskleid

bilder im vergessenbuch
denen die tiefe fehlt
ins zeitlose hinausgefallen

töne schweben darüber
tanzen an farblosen fäden
umfassen einander

versinken wie gefesselte gespenster
und meine gedanken beben

verlust

meine arme
sind leer geblieben

trauerflügel
schlagen mir im herzen

melancholie

geisterhaftes blau
so gegen abend
bäume häuser
straßen und menschen
gehen darin verloren

vögel schwimmen
wie verirrte meerwesen
mit gebrochenen flügeln
durch dieses blasse licht

ich höre den bäumen zu
den kahlen ästen
die gegeneinander schlagen
spüre wie die zeit vergeht

einerlei

nach diesem endlosen tag
verlöscht das licht
lautlos wie versickerndes wasser
krähen lassen sich nieder
auf nebelbänken

brach liegen die gärten
im winter

wehmut

dein lied berührt mein herz
sanft wie die worte der mutter
die ihr kind in den schlaf singt

das rauschen der baumwipfel
das wispern von schilf im wind
schwingen darin

ich sehe im sonnenlicht das meer glitzern
lausche dem märchen vom glück

auf der regenbogenbrücke

als sich die mohnblumen wiegten
damals im leichten wind
waren wir glücklich

das ist so weit weg
deine stimme
nur noch ein flüstern im wind

in meinem herzen
schneestille

im nachthaus

dem rascheln der mäuse
in den wänden lauschen
dem knarren der dielen

sehen wie das schwarz
abgelöst wird durch grau
der morgen naht

irgendwo

regenfahnen wehen
schlieren an den fenstern
verdecken den blick
auf grenzmeere
in denen fische unter steinen träumen
kälte nistet in schatten

aus schornsteinen quillt rauch
wie federn die den himmel berühren
sich auflösen

sternenlied

verloren im ozean der stadt
lasse ich mich treiben
singe lieder von den sternen
und der liebe

vergeblich

niemand hört mir zu
und dunkel steigt herauf
unaufhörlich

des nachts sind alle katzen grau

zerfallene mauern

milchig im dunst ruht die sonne
über verwitterten mauern
einst stützten diese ein prächtiges schloss

noch plätschert wasser in marmorbrunnen
doch amors pfeil ist zerbrochen
und psyche moosüberwachsen

jetzt leuchtet löwenzahn
in den rabatten und des nachts rauschen
die flügel der engel im park

rabennächte

schatten gefangen
in netzen aus mondlicht
nachtgeräusche

abseits der straße fuchsgeister
mit augen die glänzen wie sprödes glas

alles ist längst zu spät
und der horizont beginnt zu splittern

allein

in meinen träumen
wandere ich auf dem mond
steige weiter die himmelsleiter
empor bis zu den sternen

ins weltall fliege ich hinaus
in die überwältigende schwärze
und splitter von meteoriten
durchbohren mein herz

denke ich an dich

mondlicht

in kühles mondlicht getaucht
blinken am himmel die sterne

schlaflos macht mich das mondlicht
unruhig schlägt mein herz

die gespenster der vergangenheit
sind aufgewacht und quälen mich

liebe ist nur noch ein tanz
der zellen in meinem kopf

zeitlos

unbewegt
lächelt der engel aus stein
unter seiner moosdecke
vom efeu fast verschlungen
den rechten flügel abgebrochen
kriechen unter seinen füßen kellerasseln

wind bewegt die langen gräser
lässt an den bäumen blätter erzittern
und lautlos flattern fledermäuse vorüber
wie die seelen verstorbener

vergangenheit

leise erzählt mir der wind
geschichten von schweigenden
schlössern und burgen
von der glanzvollen vergangenheit
in der ritter lebten und könige herrschten

nun tanzen hier nur noch
die bäume im regen und
nebelschleier wehen

orte des glücks haben sich verwandelt
es gibt kein zurück

rabenzeit

dein dunkles rufen
macht mich
immer noch wehrlos
rabenvogel

die schwingen ausgebreitet
fliegst du des nachts
in mein herz
legst spuren aus schmerz

immer noch

traumsequenz

kleiner weißer schmetterling tanze
doch du tanzt mit dem tod
und er ist schnell sein schnabel scharf

mein regenkind im drachenland
durchlöchert ist das himmelsblau
das einhorn lächelt dir zu
aber kein weg führt zurück

Kapitel 2: endlich gefunden

ewigkeit

eine spanne zeit ist unser leben
wir schlafen und wachen und träumen
was ist erinnerung
wer ist der hüter unserer zeit
was bedeutet ewigkeit

vielleicht die dauer
bis der berg
zu einem sandkorn wird

vielleicht

die krähe

die krähe plustert sich frierend auf
grauschwarz im winkel der nacht
kaum zu erblicken zwischen dem laub

schatten legen sich um mein herz
unaufhaltsam verrinnt die zeit
still liegt meine welt

kassiopeia ist fern

irreal

schreie steigen auf
fallen herab
der sturm erklettert das dach
unter dem die taube schutz suchend
sich an das gebälk drängt

die wahrheit ist schwer zu ertragen
sind doch die kratzspuren in meinem
herzen gerade vernarbt

rücklagen

ich trage sie davon
in meinem mantel
mit den vielen taschen
die erinnerungen

stück für stück
zusammengeklaubt
hier und dort
fleißig gesammelt
zufällig aufgelesen

so zwischen tag und traum
gesichter
hände
herzen
sorgfältig zusammengerollt

für notzeiten

reiselied

beladen mit
sehnsuchtsbildern
segelt sie dahin
über dem salzland

meine wolkenbarke

frauen

in die suppe hinein
rühren sie träume

bügeln zusammen mit
der wäsche wünsche glatt

hängen sie ans fenster
mit den gardinen

zum vergilben

sehnsucht

sing mir heute nacht
träume herbei nachtigall
vom dachfirst aus
gegenüber meinem fenster

auf den baumkronenpfad
will ich dir folgen
mit meinem löwenzahnherzen

bleib nachtigall
singe und verscheuche
mit deinem gesang
den schwarzen nachtvogel

herz aus papier

du hast mein herz berührt
mein herz aus papier
an den ecken abgegriffen ist es
und zerknittert vom vielen falten

doch ich bin vorsichtig geworden
es darf kein feuer fangen

ich brauche es noch eine weile

angst

man sollte sich
vor dem mond hüten
wenn man liebt

er macht schlaflose nächte
zweifel schleichen sich
im blauweißen licht
in das herz hinein

schneevögel fallen dann vom himmel

heute

zwischen gestern und morgen
schattengeburten aus worten

der mond verrutscht an meinem himmel
planeten treideln dahin
unbemerkt

ich lausche dem regen
wie er über die dächer rauscht
worte ertränkt

rabenträume

mit den flügelspitzen
das dunkel berühren
sacht und federleicht fortfliegen

das rauschen der flügel im ohr
bis zu den sternen
der schweigenden schwärze im all

nur eine glänzende feder
schwebt zur erde zurück

die sehnsucht der fische

die fische im see
im meer und in den flüssen
denken wie schön es wäre
nicht immer im wasser
schwimmen zu müssen

sie träumen vom himmel
dem blauen und
den weißen wolken
die dort ziehen

und würden gerne
mit den vögeln ihre flossen
gegen deren flügel tauschen

fortfliegen

flugrichtung

taubenschwärme
wirbeln wie gestreifte tücher
über den feldern
steigen
fallen
perlen im sonnenlicht

bis zum abend und sie
müde heimkehren
zu ihrem schlag

schmetterlingsschwester

die nacht
hat ihre zelte aufgeschlagen
träume steigen herab
und meine sehnsucht
reicht hinauf
bis zu den sternen

schmetterlingsschwester
entfalte deine flügel
denn am morgen
wirst du verschwunden sein
wie der tau auf den blüten
im sonnenschein

traumschattten

hineingeweht
wie schatten
nisten träume
zwischen meinen schläfen

sanft berührten flügel
meine seele
schon weit entfernt
als ich erwacht

erinnerung

taubenetztes gras
regen der alles durchtränkt
eine sonne die tagsüber wärmt
und des abends rotglühend versinkt

schatten die wispern
von veilchenblauen nächten

nichts ist vergessen

schilfgesang

das schilf flüstert
im wind
raschelt
wiegt sich
schmiegt sich

mit jedem hauch
erklingt ein neues lied
zarte bilder erscheinen

traumgestalten
schweben über dem see

kuckucksuhr

wir kommen um zu gehen
wie wolken die über den himmel ziehen

dazwischen leben und vergessen wir
unser dasein ein fleck auf der sternenkarte

des universums kuckucksuhr
zählt die zeit

mein lied

für euch singe ich mein lied
das lied des flusses
der über die steine springt
das lied der stummen berge
ihnen leihe ich meine stimme

von kämpfen singe ich
und von der einsamkeit
ich singe das lied der erde
auf der wir leben
davon dass wir frei und
ohne furcht leben wollen
ohne angst vor dem dunkel der nacht

mut

ich will nicht mehr
die graue taube sein
die der falke mit seinen
klauen schlägt

an meinem himmel
wetzt die taube
ihren schnabel am wolkensaum

aber es braucht mut

platanentanz

platanen an der allee
tanzen wiegen sich
zu einer unhörbaren melodie

geschmückt mit moosigen bändern
raunt leise der bach

aus ihrem wolkenkäfig
befreit zwinkert die sonne

und plötzlich flattern
gläserne schmetterlinge
in einem entlegenen
winkel meines herzens

rätsel

wer bin ich
eine die singt
eine die schreit
oder eine die duldet

mit wüstenaugen
die brennen
alte worte im herzen
und lahmer zunge

die verlernt hat
worte zu formen
wie baum und fisch
die stumm sind

wortlos

der waldsee

wie das auge des riesen
ein meerfernes blau
zart verschleiert zaunlos
mit tannen bedunkelt

unter dem wasserspiegel träume
von nachtraubtieren mit blassen augen
vom ufer her weht bitter geißblattduft

und zur eulenstunde
lockt die windzauberin

erwachen

auf narbigen feldern
picken tauben erstes grün
der horizont
ein an den rand gekritzeltes braun

steine
die knochen der erde
treiben empor
hinterlassen mulden

schatten legen sich hinein
huschen davon mit dem licht
wie flinke tiere

die stadt

grau geädert ist die stadt
ein gespinst aus beton und glas
nachts kriechen neonschlangen
durch straßen über plätze
tauchen ein in häuserschatten

bretterzäune zerstückeln den blick
der geruch von abgasen steht in der luft
gestaltlos klingen stimmen
worte werden fortgeweht
versickern wie wasser im rinnstein

jenseits allen lebens schlagen nachtflügel
unberührt vom leben

regentag

die arme der pappeln
recken sich zum himmel
um ihn aufzufangen
wenn er einstürzt

und der wind blättert in den zweigen
kirchtürme wie schwarze pfeilspitzen
spießen die wolken auf

straßen und häuser sind grau
die regentrude lacht

traum

ich wage nicht zu atmen
im neonregen der sterne

möchte hinauf in den himmel wandern
zu fuß über die milchstraße spazieren

bruchstücke vom mondlicht
in den händen

hell schwimmt der mond
im nachtmeer

flussaufwärts

mit unserem schiff
kreuzen wir flussaufwärts
fern dunkler wolken
im sonnenschein

traumbilder erscheinen
legen sich über die wirklichkeit
über uns nur vogellaut und
am ufer sonnensprenkel im laub

karneval in venedig

gondeln gleiten
auf dem canale grande
durch die nacht
im mondlicht glänzen
silberhaarperücken
unkenntlich die gesichter
der gestalten
verborgen hinter masken

leise klirren
perlenbesetzte umhänge
kostbarer brokat
und spitzenbesetzte
gewänder funkeln
pulcinellla und arlecchino
auf dem weg zum ball des dogen
göttliche komödie
fegefeuer hölle und paradies
für eine nacht

tage wie dieser

zerkratzt
der blaue himmel
kondensstreifen
kreuz und quer
wie federstriche
über mir
brücken aus
federleichten
wolkenschleiern
schwimmen
puderweiß dazwischen
ich treibe in der zeit
lasse das seil los
das mich hält

Kapitel 3: immer geliebt

himmel und hölle

nicht mehr allein
unter dem blauen himmel
mit den weißen wolken

lass doch den kuckuck rufen
flüsterst du mir zu
einen sommer lang

keinen kranz im haar
kein weißes kleid
keine braut

zerrissen das traumgespinst
vom vergänglichen glück
einen sommer lang

wehmut

du brachtest mir den ersten flieder
liebtest mich unter dem himmelsblau
mit den weißen so weißen wolken

diesen einen sommer lang
habe ich dem kuckuck gelauscht
vergaß die welt

zwischen voll erblühtem
bist du mir ins herz gefallen
und in die seele gesunken

jetzt sind die rosen welk geworden
und der kuckuck ist fortgeflogen

liebe suchen

bescheiden werden
almosen annehmen
die in den hut geworfen werden
dankbar sein für brosamen

krümel die von reich gedeckten
tischen fallen zusammenscharren
auflesen nicht satt davon werden

bald

ich schmecke den sommer
auf deiner warmen haut
nach honig riecht dein haar

manchmal erwache ich von seinem duft

dann trete ich ans fenster
und sehe den fledermäusen zu
wie sie steigen fallen im vogelbeerrot

und warte auf die windmusik
in den kahl gewordenen ästen

monochrom

nebel drängt sich an scheiben
verzerrt den blick ins dunkel
randzerfaserte farben
zeichnen sich schwach ab
fern erglühen bremslichter

die nacht hat ihre eigene zeit
komm küss mich
damit wir uns wiederfinden

ein-fall

fall mir
ins wort
zur last
und
du bist
mir schon
ins herz
gefallen
mit der tür
ins haus
und
ich falle
immer wieder
auf dich
herein

für meine mutter

lebensreste umzäunt
mit stummen hilfeschreien

bald vogelstimme
im zugvogelschwarm

mit schnellen flügelschlägen
aufbruch in ein anderes land

unbeschwert und frei hinauf
zu den wolken

leid

aus schweren träumen erwacht
fliegen rußvögel auf
nebel verwandelt sich
in tagschatten

dein schweigen schreit

mondscheingeschichten

manchmal
wenn ich nicht schlafen kann
erzählen mir die wände geschichten
was wüsste ich sonst von riesen
zwergen und königinnen
ich lausche den worten die sie mir zuraunen

von sonnenblumen
und disteln am abhang
die mir die arme zerkratzten
und das herz durchbohrten

bleierner morgen

worte zerfallen zu silben
stunden werden steinig
wieder einmal
will die sonne nicht aufgehen

ich bete das narrenbrevier
sehe dein gesicht zwischen den seiten

talwärts

hier oben sind die berge
schlafende riesen
tiere der urzeit

stille herrscht
es wird gewitter geben
und der himmel fällt herab

aber ich kann dich hören
auch wenn du schweigst

versprechen

leicht wie ein nebelschleier
wird dir der letzte engel erscheinen

er wird seine flügel ausbreiten
dich darin bergen und heimführen

der eine

ich sah einen der suchte
ein verdurstender
in der wüste war er und litt
die hände gefüllt mit staub

vergeblich das sein er weinte
über die bitterkeit in seinem herzen
das leben im widerspruch

durch dornen schritt ich auf ihn zu
meine füße bluteten

liebe

mein atem
und deiner neben mir

leise atemzüge und wärme
im kalten zimmer

seltsame kleine laute
in der dunkelheit

leider

wenn es regnet
erinnere ich mich
und wenn die sonne scheint
aber nach einiger zeit
verlieren sie ihre konturen
die erinnerungen
flechten sich hinein
in das leben

und durch blütenträume
zieht ein kalter hauch

abschied

geht die sonne unter
nehmen wir abschied

weit breitest du die flügel aus
steigst empor zum abendhimmel

über ebenen gleitest du
und überquerst flüsse

deine flügelschläge werden matter
ein letzter blick und du wirst dort sein

wo die mondblumen wachsen
mein geisterfalter

mein liebster

mit dir habe ich
das grau des regentages genossen
sturm und hagel hieß ich willkommen

mein glühendes gesicht barg ich
an deiner brust
und bemerkte die kalten füße nicht

nachtzeit

träge flattern raben über dem wald
rauch kräuselt sich über dächern und
schwindendes licht macht räume dunkel

wir entfliehen
die augen schon voller träume
in die sicherheit des schlafes
ein lidschlag noch und der tag zerfließt

verschwindet im zeitstrom

ohne dich

die wohnung
hat sowas einsames
wenn du nicht da bist

so was verlorenes
habe ich

legt sich
wenn ich die wohnung
verlasse

aber eigentlich
bin ich gerne hier
sogar allein

wenn nur das einsame
verlorene
nicht wäre

ohne dich

über die liebe

im regen laufen dünn
wie fadenbeine von spinnen
farbige tränen
über häuserwände
graffitibotschaften
die abblättern mit der zeit

bis sie vergessen sind

eine träne

im feld gehe ich spazieren
und höre der lerchen gesang
die sonne strahlt

vom wolkenlosen himmel
fällt ein tropfen auf meine stirn
ob engel auch weinen können

immer

nebelringe
farblos
formlos
lösen sich auf
zerrinnen
du bist nicht mehr hier
und doch immer
bei mir

weil ich
dich verloren habe
gehörst du ganz mir

für immer

zu spät

pfade verzweigen sich
in die erinnerung drängt sich
bedauern über versäumtes
umsonst

gehörte uns doch der himmel
und der mond über dem wald

nun begräbt der schnee
all unsere träume

kleiner vogel

flieg mein kleiner vogel
flieg am schmerz vorbei

die wolken ziehen weiter
und meine sehnsucht irrt umher
dunkelheit weht durch meine träume

flieg mein kleiner vogel
bring mir eine blüte mit
unter dem blausilbermond
blüht der lebensbaum

so blau ist der see tränenblau
und über uns funkeln die sterne

flieg mein kleiner vogel
flieg am schmerz vorbei

ich singe

ich singe mein lied für dich allein
vom wind der über die gräser streicht
und vom duft der voll erblühten rose
am morgen

vom wasser des sees das sich
an der oberfläche kräuselt
von vogelschwingen die die luft bewegen

und von den steinen
die auf meiner seele lasten

roter mond

feueratem weht
vom nächtlichen himmel
der mond scheint zu brennen
schwarz ziehen wolken vorbei

diese nacht ist lang
und meine träume ungeboren
sterne gleichen feuerfliegen

heiß zieht verlangen
durch mein herz

zusage

ich will die sprache
des windes sprechen
seine lieder singen
und meine tränen sollen
ungehindert fließen
sich mit dem regen mischen

in deinem schweigen
will ich worte finden
für unsere liebe
und sie laut aussprechen

unlösbar

die steine sind grau
schmutzig und voller staub
steinmeere

zu stein gewordene gesichter
in den augen ewiges eis
steingötter

lautlos das dunkel
der tod bricht alle schwüre
und die wölfe fressen den mond

fremd werden die nächte
mit so viel sehnsucht im herzen

sequenz in dunkler nacht

straßen aufgebrochen von scheinwerfern
abgebrannte leuchtraketen im rinnstein
konfetti verblichen in pfützen schwimmend
reste der vergangenen nacht

ein netz gewebt aus stimmen über der stadt
worte werden fortgeweht
regensatt

und du siehst mich an
mit diesem ungerührten katzenblick

wie immer

der nachtwind flüstert
wispert im schilf wie immer
doch nichts ist mehr wie es war
bevor ich dich traf

blau malt das mondlicht
die schatten der bäume
wie immer singen die frösche

ich kann es nicht glauben

greta

dir braucht man die liebe
nicht erklären
sie hat dich nicht gestreift
sondern niedergeschmettert
du wolltest helligkeit da kam
das dunkel und löschte dein licht
mühsam hast du dein herz
stich an stich zusammengesetzt
hast den schmerz mit worten umwoben
versuchtest fern der heimat zu leben
für andere menschen sah es aus
als seist du nie fortgewesen

dass wir überleben ist wichtig
und weiterleben können hast du gesagt
was von dir bleibt
ist ein feuer das noch brennt
auch wenn deine hand erkaltet ist

(in memoriam greta schoon)

vergessen

bald ist alles vergessen
frühlingslicht
sommerhitze
herbstnebel

die weißhäutigen birken
tragen regenkleider
silbrig glänzend
an frostigen morgen

und ich warte
auf den frisch gefallenen schnee

deine fußstapfen
durch den garten
bis zu meiner haustür

nachteinsam

nachteinsam
sind wir
doch geräuschlos
bröckeln die mauern
zwischen uns
zerfallen

sacht
lege ich meine wange
an deine
und jung werden
unsere seufzer
am morgen sein

geht das

das vergessenbuch zuschlagen
und aufhören zu singen

am anderen ende der welt
ein neues leben überstreifen
wie ein kleid
die träume vergessen
vernunft über liebe stellen

es geht
gäbe es nicht die nacht

tröstlich

du schmiegst dich
in dein bett aus sand
algen haben sich
in deinen schweren
haaren verfangen
blicklos sind deine augen
zum himmel gerichtet
den bleichen mond
siehst du nicht mehr
der gleißend
dein bett versilbert

mit leichtem flügelschlag
erscheint der letzte engel
birgt deine erschöpfte seele
und bringt dich heim

tagtraum

laub knistert
unter meinen füßen
es raschelt und flüstert
vom nahen winter

blassblau wölbt sich
der himmel über mir

leise rufe ich nach dir
doch niemand antwortet